Ein guter Mensch sein aber warum?

T.Grey

FSC
www.fsc.org
MIX
Papier aus ver-
antwortungsvollen
Quellen
Paper from
responsible sources
FSC® C105338

Ein guter Mensch sein

aber warum?

T.Grey

Impressum:

Verlag: BoD · Books on Demand GmbH, Überseering 33,
22297 Hamburg, bod@bod.de
Druck: Libri Plureos GmbH, Friedensallee 273,
22763 Hamburg

ISBN: 978-3-7693-2457-0

Meine Katze wollte ein paar worte
schreiben bevor wir beginnen:

hzujghhhhhhhhhhhhhhhhhhhhhhhh
hhhhhhhhhhhhhhhhhhhhhhhhhhhhh
hhhhhhhhhhhhhhhhhhhhhhhhhhhhh
hhhhhhhhhhhhhhhhhhhhhhhhhhhhh
hhhh

Ein guter Mensch sein aber warum?

Mein ganzes Leben lang höre ich immer wieder, dass man ein guter Mensch sein soll. Diese Botschaft wird von Religionen betont, in denen häufig moralische Werte und Tugenden im Mittelpunkt stehen. Ebenso sehen wir durch die alten Geschichten, dass oft die Guten siegreich sind und dass es erstrebenswert ist, gut zu sein. Aber was bedeutet es eigentlich, ein guter Mensch zu sein? Und was macht jemanden zu einem schlechten Menschen? Wer entscheidet, was gut und was böse ist?

Solche Fragen führten mich dazu, Dinge zu hinterfragen, die oft als selbstverständlich gelten. Dieses Nachdenken kann uns dabei helfen, alltägliche Verhaltensweisen und Einstellungen aus einem neuen Blickwinkel zu betrachten und die ursprüngliche Bedeutung solcher Ideen wiederzuentdecken.

Auch wenn ich selbst kein gläubiger Mensch bin, fand ich beim Lesen der Bibel die Geschichte von Adam und Eva und insbesondere den Baum der Erkenntnis von Gut und Böse faszinierend. Der Name dieses Baums ist interessant, und es regt zum Nachdenken an. Warum trägt der Baum diesen Namen? Diese Geschichte kann auch für Nicht-Gläubige spannend sein, da sie uns Gelegenheit gibt, über grundlegende menschliche Fragen und alte Überlieferungen nachzudenken, die uns bis heute begleiten.

Eine Zeit lang habe ich mich auch intensiv mit den Lehren des Buddhismus beschäftigt. Diese Schriften sind besonders inspirierend, wenn es um die Definition von Gut und Böse geht. Im Buddhismus wird oft betont, dass man nicht urteilen soll, ein Konzept das dazu einlädt, die Dinge unvoreingenommen zu betrachten, ohne sie automatisch in Kategorien wie gut oder böse einzuordnen.

Ähnlich spannend ist der Taoismus, der mit der Lehre von Yin und Yang ein Verständnis dafür vermittelt, wie Gegensätze miteinander in Balance stehen. Auch hier wird deutlich, wie relativ diese Begriffe sein können.

Während ich mich mit diesen philosophischen Lehren auseinandersetzte, stellte sich mir die Frage, ob Begriffe wie Gut und Böse objektiv existieren oder ob sie vielmehr subjektive und kulturell geprägte Konstrukte sind. Schließlich kam ich zu dem Schluss, dass Gut und Böse stark von der Perspektive des Einzelnen abhängen und oft als abstrakte Kategorisierungen verstanden werden können.

Betrachtet man den Menschen aus einer biologischen Perspektive, so stammen wir von Tieren ab, bei denen das Überleben im Vordergrund steht. Doch unsere Lebensbedingungen haben sich über die Jahrtausende stark verändert und sind wesentlich komplexer geworden. Besonders bedeutsam ist dabei, dass der Mensch keine natürlichen Konkurrenten in der Tierwelt hat. Diese Überlegenheit bringt jedoch eine große Verantwortung mit sich, die viele Menschen intuitiv zu wissen scheinen.

Die Überlegenheit des Menschen hat zu einer künstlichen Trennung zwischen ihm und der Tierwelt geführt. Während Tiere weiterhin hauptsächlich ums Überleben kämpfen, (Vorausgesetzt, sie leben in Naturschutzgebieten und sind unabhängig von menschlichen Einflüssen, abgesehen von Schutzmaßnahmen) hat sich der Mensch in eine neue Phase der Evolution weiterentwickelt. Diese Abkopplung von der Tierwelt ist jedoch nur scheinbar, denn im Grunde genommen sind alle Lebewesen weniger unterschiedlich, als wir es oft annehmen.

Wenn wir in die Zeit zurückblicken, als
der Mensch noch vollständig Teil der
Tierwelt war, erkennen wir, dass
unser Überleben damals nicht
gesichert war. Wir standen in direkter
Konkurrenz zu anderen Spezies. Zu
jener Zeit, als unsere Vorfahren noch
keine Menschen im heutigen Sinne,
sondern eher frühe Primaten waren,
drehte sich alles darum, als Art zu
überleben. Doch schon bevor sie sich
zu Primaten entwickelten, gelangten
unsere Vorfahren wohl zu der
Einsicht, dass Zusammenarbeit nicht
nur sinnvoll, sondern auch effizient
ist.

Selbst bei heutigen Primaten zeigen sich Hinweise auf kooperatives Verhalten, was darauf schließen lässt, dass dieses Konzept auf natürliche Weise erlernt wurde. Die Bildung von sozialen Strukturen und Gruppen war ein entscheidender Schritt, der das Überleben maßgeblich unterstützte.

Natürlich spielte das Ego stets eine Rolle, doch paradoxerweise wurde die Zusammenarbeit, auch wenn sie zunächst im Widerspruch zu egoistischem Verhalten zu stehen schien, zu einem gegenseitigen Nutzen. Am Ende war selbst das Ego davon begünstigt, obwohl dies anfangs nicht offensichtlich war. Dieser Punkt markiert einen Meilenstein in der Evolution, an dem Tiere begannen, ihr egoistisches Verhalten anzupassen. Dieses Grundprinzip blieb bis heute bestehen und bildet die Basis für unser Leben in Zivilisationen.

Die sozialen Strukturen, die uns auferlegen, friedlich miteinander zu leben, stellten sich als effiziente Strategie heraus. Doch Egoismus war und ist ein fester Bestandteil davon, was nicht zwangsläufig schlecht ist. Problematisch wird es erst dann, wenn ein Individuum die Zusammenarbeit anderer ausnutzt, um ausschließlich seine eigenen Wünsche zu erfüllen. Solche destruktiven Verhaltensweisen können das Gleichgewicht in sozialen Strukturen stören, und diese egoistischen Akteure werden oft als „die Bösen" wahrgenommen.

Stellen wir uns eine kleine Insel vor, auf der 50 Menschen die Aufgabe erhalten, Äpfel zu sammeln. Ihnen werden weder genaue Anweisungen noch feste Ziele vorgegeben, die einzige Vorgabe lautet, Äpfel zu sammeln. Schon bald zeigt sich, dass jeder Einzelne seine eigene Herangehensweise wählt. Einige sind überzeugt, dass der Erfolg davon abhängt, möglichst viele Äpfel für sich selbst anzuhäufen, während andere sich darauf konzentrieren, die Gesamtanzahl der gesammelten Äpfel zu maximieren, ohne sich um ihren persönlichen Anteil zu kümmern.

Im Laufe der Zeit entstehen unterschiedliche Gruppen. Einige Menschen entscheiden sich dafür, alleine zu arbeiten und ihre Äpfel unabhängig zu sammeln. Andere wiederum schließen sich mit Mitmenschen zusammen, um die Effizienz zu steigern und gemeinsam mehr zu erreichen. Allerdings sind nicht alle Gruppenbildungen von selbstlosen Motiven geprägt. Es gibt Personen, die gezielt das Vertrauen anderer gewinnen, nur um es später zu missbrauchen.

Sie stehlen die gesammelten Äpfel
ihrer Mitmenschen, schwächen so die
Konkurrenz und vergrößern
gleichzeitig ihren eigenen Vorrat.
Dieses Verhalten mag einigen
zunächst wie eine clevere Strategie
erscheinen, die ihnen einen Vorteil
verschafft, zumindest kurzfristig.

Auf der Insel findet sich auch eine Gruppe von Menschen, die scheinbar ziellos umherwandern. Sie sammeln zwar Äpfel, doch ihr Vorgehen ist chaotisch und wenig organisiert. Andere wiederum konzentrieren sich darauf, ihre eigenen Äpfel vor Diebstahl zu schützen, verzichten jedoch darauf, andere selbst zu bestehlen.

Es gibt auch Menschen, die sich bewusst jeder gegenseitigen Hilfe entziehen. Sie erwarten weder Unterstützung von anderen noch bieten sie selbst welche an. Schließlich gibt es diejenigen, die die Zusammenarbeit mit anderen gezielt suchen, um möglichst effizient und organisiert eine große Menge an Äpfeln für die Gruppe zu sammeln.

Unter diesen 50 Menschen treten die unterschiedlichsten Verhaltensweisen und Charakterzüge zutage. Doch wer von ihnen könnte als gut oder böse bezeichnet werden? Sind die Menschen, die andere bestehlen, böse? Oder sind die, die niemanden bestehlen, aber auch keine Hilfe leisten, gut? Vielleicht gibt es auch jene, die absichtlich falsche Informationen verbreiten, um ihre eigenen Ziele zu verfolgen und selbst mehr Äpfel zu sammeln. Doch wie sollten sie beurteilt werden? Könnte man solches Verhalten als böse einstufen?

Die Vielfalt an Verhaltensweisen auf dieser Insel gibt Anlass, grundlegende moralische Fragen zu stellen und darüber nachzudenken, wie wir Gut und Böse definieren und welche Kriterien für solche Bewertungen angelegt werden.

Eine weitere Art von Menschen auf der Insel sind diejenigen, die die Rolle der Anführer übernehmen und Gruppen organisieren. Diese Personen sind dafür verantwortlich, die Zusammenarbeit innerhalb ihrer Teams zu koordinieren, Aufgaben sinnvoll zu verteilen und dafür zu sorgen, dass alle gemeinsam auf dasselbe Ziel hinarbeiten. Die Organisation innerhalb dieser Gruppen könnte beispielsweise so aussehen: Einer hält die Leiter fest, ein anderer klettert hinauf, ein Dritter schüttelt den Baum, und die übrigen Teammitglieder sammeln die herabfallenden Äpfel ein.

Dabei entwickeln sich unterschiedliche Führungsstile, die jeweils ihre eigenen Vor- und Nachteile haben. In demokratisch geführten Gruppen dürfen alle Mitglieder mitentscheiden und ihre Meinungen einbringen, wodurch die Zusammenarbeit oft als fairer empfunden wird. In anderen Gruppen hingegen übernimmt ein autoritärer Anführer die alleinige Entscheidungsgewalt und legt fest, was zu tun ist, ohne Rücksprache mit den anderen. Dieser Führungsstil kann schnelle Entscheidungen ermöglichen, birgt jedoch das Risiko, dass einige Mitglieder sich übergangen fühlen.

Der Erfolg solcher Gruppen hängt letztlich stark davon ab, wie gut die einzelnen Mitglieder zusammenarbeiten, unabhängig von der Führungsstruktur. Diese Art von Anführern spielt eine entscheidende Rolle auf der Insel, da sie die Dynamik und Effizienz der Zusammenarbeit ihrer Teams maßgeblich beeinflussen. Sie sind ein weiteres Beispiel dafür, wie unterschiedlich Menschen agieren können und wie vielfältig die sozialen Strukturen sind, die in einem solchen Szenario entstehen können.

Stellen wir uns vor, dass es neben der bereits erwähnten Insel noch weitere neun Inseln gibt, auf denen ebenfalls jeweils 50 Menschen die Aufgabe haben, Äpfel zu sammeln. Die Ausgangssituation und die Vorgaben sind überall gleich: Es geht ausschließlich darum, Äpfel zu sammeln. Dennoch zeigen sich auf diesen Inseln deutliche Unterschiede in den Charakteren der Menschen sowie in der Dynamik der Gruppen, die sich bilden.

Betrachten wir eine Insel, auf der die Zusammenarbeit nahezu perfekt funktioniert. Hier trägt jeder seinen Teil zum Gelingen bei, ohne sich dabei auf andere zu verlassen. Jeder bringt seine individuellen Stärken ein, und alle handeln effizient und zielgerichtet. Dabei interessieren sich die Bewohner dieser Insel nicht dafür, wie viele Äpfel jeder Einzelne für sich sammelt, es zählt allein die Gesamtmenge der Äpfel, die gemeinsam erzielt wird. Diese Gruppe zeigt, wie erfolgreich eine harmonische und kooperative Herangehensweise sein kann, bei der das Kollektiv im Mittelpunkt steht.

Auf einer anderen Insel herrscht jedoch ein komplett anderes Bild. Hier sind Chaos und Zwietracht an der Tagesordnung. Die Menschen stehlen sich gegenseitig die Äpfel, zerstören die Körbe ihrer Mitmenschen, sabotieren einander und verbreiten Lügen. Es wird so viel Energie auf Streit und Zerstörung verwendet, dass am Ende fast niemand mehr Äpfel besitzt, weil sie sich gegenseitig so stark geschadet haben. Dieses Beispiel zeigt, wie sehr destruktives Verhalten nicht nur den Einzelnen, sondern auch die Gruppe als Ganzes beeinträchtigen kann.

Diese Szenarien illustrieren, wie unterschiedlich Gruppen unter denselben Voraussetzungen agieren und welche Auswirkungen ihre Handlungen auf das Endergebnis haben. Während harmonische Zusammenarbeit zu beeindruckenden Ergebnissen führt, zeigt das Chaos, wie Selbstsabotage und Konflikte eine Gruppe daran hindern können, ihre Ziele zu erreichen. Solche Beispiele laden uns ein, über die Faktoren nachzudenken, die eine funktionierende Gemeinschaft ausmachen, und darüber, wie individuelle Verhaltensweisen das Kollektiv beeinflussen können.

Die zentrale Frage, die sich nun stellt, ist, welche Art von Gruppe am Ende die meisten Äpfel gesammelt hat: Die Gruppe, in der perfekte Zusammenarbeit herrschte, oder die, in der jeder Einzelne ausschließlich für sich selbst gekämpft hat? Erst nachdem die Zeit abgelaufen ist, wird den Menschen das Ziel ihrer Aufgabe offenbart.

Nehmen wir an, das Ziel war es, als gesamte Gruppe möglichst viele Äpfel zu sammeln. In diesem Szenario würde die Gruppe gewinnen, die insgesamt die höchste Anzahl an Äpfeln zusammengetragen hat. Selbst wenn es nicht um die Gesamtmenge, sondern um die individuelle Anzahl der Äpfel gegangen wäre, hätte die Zusammenarbeit dazu geführt, dass jedes Mitglied der kooperativen Gruppe wahrscheinlich mehr Äpfel hätte sammeln können als die Mitglieder der chaotischen Gruppe.

Sobald das Ziel bekannt gegeben wird, beginnen einige der egoistisch handelnden Individuen zu realisieren, dass ihr Verhalten möglicherweise nicht die klügste Strategie war. Vielleicht erkennen sie, dass es sinnvoller gewesen wäre, anders zu handeln. Einige könnten zu dem Schluss kommen, dass ein guter Mensch zu sein nicht zwingend mit religiösen Regeln oder moralischen Vorschriften verknüpft ist, sondern auch pragmatische Vorteile mit sich bringt.

Interessanterweise bedeutet „ein guter Mensch zu sein" nicht zwangsläufig, weniger egoistisch zu handeln. Tatsächlich kann es genau das Gegenteil sein: Wer erfolgreich sein möchte, auch im Vergleich zu jenen, die stehlen oder sabotieren, handelt oft noch zielstrebiger und langfristiger als diese. Es geht dabei nicht um reinen Altruismus, sondern um ein Streben nach etwas Höherem. Diese Perspektive klingt zunächst paradox, doch sie wirft die Frage auf, wie wir Egoismus definieren und beurteilen. Statt auf Heiligkeit oder eine Belohnung zu hoffen, orientiert sich der „gute" Mensch an dem, was sinnvoll, effizient und logisch ist.

In diesem Licht betrachtet, könnte man meinen, dass ein guter Mensch ein intelligenter Mensch sei. Doch so einfach ist es nicht, denn auch intelligente Menschen können egoistisch handeln, während weniger intelligente Menschen Gutes tun können. Letztlich spiegelt sich hierin eine Unausgewogenheit, die sich im Laufe der Zeit auf natürliche Weise ausgleichen mag. Vielleicht gehört auch dieses Buch, zusammen mit vielen anderen Gedanken und Überlegungen, zu diesem Prozess einer fortwährenden Balance.

Das Ego hat ohne Zweifel eine wichtige Rolle und Bedeutung, besonders wenn es darum geht, das eigene Überleben oder das der Spezies zu sichern. In der Tierwelt ist Egoismus ein unverzichtbarer Faktor, insbesondere dann, wenn Ressourcen knapp sind. Unter solchen Bedingungen kann Zusammenarbeit nicht immer praktikabel sein, da verschiedene Arten um Dominanz kämpfen müssen, um ihre Existenz zu sichern. Sobald jedoch das Überleben gewährleistet ist, eröffnet sich eine völlig neue Möglichkeit für geistige und kulturelle Weiterentwicklungen.

In diesen Phasen kann die Menschheit neue Horizonte und Welten entdecken. Tatsächlich befinden sich die Menschen bereits in einer solchen Epoche, auch wenn dies vielleicht noch unbewusst geschieht. Doch bevor die Menschheit zum Beispiel in der Lage ist, das Sonnensystem zu besiedeln, sind weitere Entwicklungen notwendig, sowohl auf individueller als auch auf kollektiver Ebene.

Kehren wir zu dem Apfelbeispiel zurück. Die Aufgabe beginnt erneut, und die Menschen sammeln wieder Äpfel. Dieses Mal haben sie jedoch Boote, mit denen sie andere Inseln erreichen und mit den dortigen Gruppen interagieren können. Die neue Mobilität eröffnet zusätzliche Möglichkeiten und verändert die Dynamik der Situation.

Manche Gruppen entscheiden sich dafür, andere Inseln aufzusuchen, um dort die Ressourcen und Gebiete anderer 50er-Gruppen zu erobern. Einige von ihnen stehlen Äpfel oder sabotieren andere Gruppen, um den Erfolg ihrer eigenen Gruppe zu sichern und ihren Sieg zu garantieren. Andere Gruppen hingegen beschließen, Allianzen zu bilden, um ihre Kräfte zu bündeln und gemeinsam ein besseres Ergebnis zu erzielen.

Diese neue Dynamik bringt nicht nur unterschiedliche Strategien ans Licht, sondern verdeutlicht auch, wie Menschen mit erweiterten Möglichkeiten und mehr Interaktion umgehen, sei es durch Konflikt, Kooperation oder eine Mischung aus beidem.

Dieses Szenario zeigt, wie sich die Beziehung zwischen Egoismus, Zusammenarbeit und Fortschritt verändert, sobald neue Werkzeuge und Chancen ins Spiel kommen. Die Art und Weise, wie die einzelnen Gruppen ihre Entscheidungen treffen, kann uns Einblicke in die komplexen sozialen und strategischen Dynamiken geben, die auch in der realen Welt eine Rolle spielen.

Am Ende der zweiten Runde wird verkündet, dass das Ziel darin bestand, dass alle 500 Menschen auf den 10 Inseln gemeinsam so viele Äpfel wie möglich sammeln sollten. Und es wird enthüllt, dass es noch weitere 90 Inseln gibt, auf denen ebenfalls jeweils 500 Menschen aufgeteilt in 10 Inselgruppen an der gleichen Aufgabe arbeiten.

Wie erwartet, gewinnen die 500 Menschen, die am besten zusammengearbeitet haben und sich kaum gegenseitig geschadet haben. Ihre effektive Zusammenarbeit, gegenseitige Unterstützung und der Verzicht auf Konflikte ermöglichten es ihnen, eine deutlich größere Menge an Äpfeln zu sammeln als andere Gruppen, die sich auf Streit und Sabotage einließen.

Dieses Ergebnis zeigt erneut, dass Kooperation und Harmonie der Schlüssel zum Erfolg sind, besonders wenn alle Beteiligten das gemeinsame Ziel erkennen und sich darauf konzentrieren. Es ist eine klare Demonstration, dass sich Zusammenarbeit langfristig lohnt.

Das Spiel wird immer wieder wiederholt, bis schließlich alle Beteiligten erkennen, dass Zusammenarbeit die einzige Möglichkeit ist, Erfolg zu haben. Selbst diejenigen, die egoistisch oder böse handeln, sind irgendwann gezwungen zu verstehen, dass Kooperation der Schlüssel ist. Dieses Szenario zeigt, dass Zusammenarbeit ein universelles Prinzip darstellt, das verstanden und akzeptiert werden muss. Dieses Beispiel mag abstrakt wirken, kann jedoch hilfreich sein, um grundlegende Prinzipien zu verstehen.

Gleichzeitig sollte man nie vergessen, dass die Realität wesentlich komplexer ist. Es gibt immer zwei Seiten einer Medaille, und diese Komplexität darf nicht außer Acht gelassen werden.

Warum streben manche Menschen eigentlich danach, mehr zu besitzen als andere? Warum gibt es Menschen, die es vorziehen, selbst weniger zu haben, solange andere noch weniger besitzen? Solche Fragen könnten einige der Ursachen für sogenanntes böses Verhalten beleuchten. Es scheint ein grundlegendes Element der individuellen Entwicklung zu sein, sich selbst verbessern und besser sein zu wollen als andere.

Sich verbessern zu wollen ist die gesunde Art davon und besser sein wollen ist die destruktive Art, ein kleines Beispiel, um es zu verstehen: Ich spiele ein Videospiel, wo ich mich in einem Duell mit anderen Spieler messen muss. Ich kann währenddessen zwei verschiedene Absichten haben: 1. Um jeden Preis gewinnen, wenn es sein muss, nutze ich alle, auch unfairen Mittel, um zu gewinnen, oder 2. Absicht, ich versuche aus jedem Duell zu lernen und mich zu verbessern. Die zweite eben ist die gesündere Art des Triebes, weil es nachhaltiger ist. Aber wie gesagt, es hängt wieder von der Situation ab.

In einer Überlebenssituation kann es entscheidend sein, gnadenlos gewinnen zu wollen, um das eigene Überleben zu sichern. In so einer Situation kann man die erste Version als gesünder bezeichnen.

Eine interessante Frage ist, ob es möglich ist, individuelle Entwicklung zu fördern, ohne dabei die Zusammenarbeit zu beeinträchtigen. Genau das machen Menschen tatsächlich schon, aber in der Regel unbewusst. Viele Menschen wählen eine Disziplin, wie Sport, Arbeit, Studium oder ein Hobby wie Gaming, und versuchen, darin besser zu werden. Dabei entwickeln sie ihre Fähigkeiten und machen Fortschritte, ohne anderen dabei Schaden zuzufügen. Es ist eine raffinierte Methode und sehr gesunde, persönliches Wachstum zu ermöglichen.

Allerdings gibt es Menschen, die an veralteten Denkweisen festhalten und Schwierigkeiten haben, sich anzupassen. Es ist wichtig zu verstehen, wie solche Menschen funktionieren, nicht nur, um Toleranz zu entwickeln, sondern auch, um mehr über ihre oder die eigene Natur zu verstehen. Verurteile solche Menschen nicht. Denn das Gegenteil vom „guten" Verhalten ist genauso essenziell für Lebewesen im Allgemeinen, aber das ist ein philosophischerer Gedanke, und darauf gehen wir später nochmal genauer ein.

Aber warum möchten manche Menschen mehr als andere? Damit wir das verstehen, stellen wir uns jetzt mal zwei Inseln vor. Auf der ersten Insel leben Menschen im Überfluss: Jeder hat alles, was er braucht, und man selbst besitzt viel mehr als auf einer anderen Insel. Die zweite Insel dagegen hat insgesamt weniger Ressourcen. Doch hier ist man im Vergleich zu den anderen Bewohnern privilegiert, da diese noch weniger besitzen.

Für manche Menschen ist allein dieses relative Überlegenheitsgefühl ausreichend, um das Ego zu befriedigen. Überraschenderweise würden viele Menschen tatsächlich die zweite Insel wählen, obwohl sie dort objektiv weniger hätten. In der Tierwelt auf jeden Fall spielt der Aufstieg in der Rangordnung eine essenzielle Rolle für das Überleben. Wer an der Spitze steht, hat nicht nur bessere Überlebenschancen, sondern auch Zugang zu wichtigen Ressourcen.

Dieses Streben nach Status erfüllte in der Vergangenheit eine sinnvolle Funktion, da es das Überleben sicherte. Heute ist es immer noch akzeptabel, so eine Begierde zu haben, doch diese sollte in eine positive Richtung gelenkt werden.

Statt destruktiv zu sein, kann dieser Antrieb in andere Bereiche übertragen werden, beispielsweise darin, einen wertvollen Beitrag für die Gesellschaft zu leisten oder im Beruf erfolgreich zu sein. Indem man das natürliche Bedürfnis, besser sein zu wollen, in sinnvolle Bahnen lenkt, trägt man zur eigenen Entwicklung und zur Gemeinschaft bei. Durch gezielte Analyse und ein tieferes Verständnis unserer Vorfahren können wir die Prinzipien, die einst das Überleben sicherten, an die heutigen Bedürfnisse anpassen.

Unsere Rangordnungen und/oder Titel wären dann in Zukunft nicht hauptsächlich dazu da, dem Ego einen Kick zu geben, sondern würden als Instrumente genutzt, um Strukturen zu schaffen, die klare Aufgabenverteilungen ermöglichen. Dadurch würde das Konzept der Rangordnung nicht der Selbstdarstellung Einzelner dienen, sondern dem Fortschritt und der Kooperation innerhalb einer Gemeinschaft zugutekommen.

Eine interessante Frage ist, warum wir Tiere so sehr lieben. Natürlich ist diese Liebe etwas Schönes und Gutes, aber woher stammt diese liebe eigentlich? Vielleicht, weil uns Tiere an etwas Grundlegendes erinnern. Tief in uns wissen wir vielleicht, wie wichtig Zusammenarbeit und der Schutz aller Lebewesen und Arten sind.

Wenn wir unsere Welt beobachten, erkennen wir, dass es kein anderes Lebewesen außerhalb des Planeten Erde gibt, dass uns Menschen kontrolliert oder unsere Freiheit einschränkt. Es scheint, als ob wir uns frei entwickeln dürfen, ohne dass sich eine andere Spezies einmischt. Man könnte es vergleichen mit den Schutzgebieten, die wir für Tiere schaffen. in Afrika verbieten wir beispielsweise den Einheimischen, Löwen zu töten, damit sich die Tiere natürlich entwickeln können das Gleichgewicht der Natur zu bewahren.

Vielleicht erleben wir etwas Ähnliches: eine fortschrittliche Zivilisation, die uns wohlwollend aus der Ferne beobachtet und dabei unsere Freiheit respektiert, uns eigenständig weiterzuentwickeln. Hätten uns solche Wesen von Anfang an ihre fortgeschrittene Technologie zur Verfügung gestellt, wäre es möglich, dass wir uns zu stark auf sie verlassen hätten. Dies hätte unsere Unabhängigkeit und unsere Fähigkeit, selbstbestimmt zu wachsen, beeinträchtigen können.

Katzen sind ein gutes Beispiel für ein unabhängiges Gleichgewicht zwischen Mensch und Tier. Sie profitieren vom Menschen, passen sich an, bleiben aber eigenständig und bewahren ihre Fähigkeiten. Sie haben ihre Eigenarten und Stärken nicht aufgegeben, und genau das macht sie so bewundernswert. Vielleicht haben die alten Ägypter die Katzen gerade deshalb so sehr verehrt, wer weiß?

Menschen, die man als gute Menschen bezeichnen könnte, sind die andere Seite der Medaille. Sie leisten zwar häufig bereits einen wertvollen Beitrag durch Zusammenarbeit, doch es gibt, wie gesagt, eine andere Seite der Medaille: Oft neigen solche Menschen dazu, ihr eigenes Potenzial nicht vollständig zu nutzen. Das könnte möglicherweise daran liegen, dass sie Unsicherheiten besitzen, aber vielleicht auf unbewusster Ebene nutzen sie die Zusammenarbeit aus. Wahre Zusammenarbeit erfordert jedoch, dass jeder seine eigenen Fähigkeiten und Werte einbringt.

Und ein guter Mensch zu sein, bedeutet nicht nur, anderen zu helfen, sondern auch, sich selbst zu schützen und den eigenen Überzeugungen treu zu bleiben. Es geht darum, ein Gleichgewicht zwischen Selbstschutz und Altruismus zu finden. Manche Menschen denken oft darüber nach, wem sie vertrauen können. Doch diese Frage lenkt in die falsche Richtung. Es geht nicht darum, zu entscheiden, wem man außerhalb von sich selbst vertrauen sollte. Vertrauen muss niemandem gegeben werden. Stattdessen kannst du Vertrauen in dich selbst und deine eigene Logik setzen.

Es ist nichts falsch daran, Wissen aus externen Quellen zu beziehen. Doch der Schlüssel liegt darin, dieses Wissen zu hinterfragen, zu speichern und sinnvoll zu nutzen, ohne es blind als richtig oder falsch zu bewerten. Selbst dieses Buch, das du gerade liest, ist nicht perfekt. Es könnte Fehler enthalten, aber auch nützliches Wissen. Wenn du es kritisch hinterfragst und für dich entscheidest, welche Informationen relevant sind, profitierst du am meisten und wirst nicht abhängig von einer einzigen Quelle.

Dieses Prinzip lässt sich auf alle Wissensquellen anwenden, Bücher, Filme, Gespräche und mehr. Viele Menschen bevorzugen den einfachen Weg, Dinge entweder vollständig anzunehmen oder abzulehnen. Doch langfristig ist dieser Ansatz selten zielführend. Stattdessen ist es besser, kritisch zu sein, offen zu bleiben und sich nicht von vereinfachenden Ansichten leiten zu lassen.

Einsicht spielt dabei eine wesentliche Rolle. Wahre Einsicht bedeutet nicht, sich bloß anzupassen oder ein Mitläufer zu sein. Sie erfordert die Bereitschaft, an sich selbst zu arbeiten, eigene Schwächen zu erkennen und aus diesen zu lernen. Es bedeutet, die Realität zu akzeptieren, jedoch ohne sie als unveränderlich zu betrachten.

Ein Beispiel kann dies verdeutlichen: Stell dir vor, ein Politiker erscheint zunächst überzeugend und vertrauenswürdig. Du unterstützt ihn und verteidigst ihn sogar in Diskussionen mit Freunden und Familie. Doch im Laufe der Zeit zeigt er immer mehr negative Seiten, missbraucht seine Macht und verhält sich destruktiv.

Einsicht bedeutet, zu erkennen: „Ich habe mich getäuscht." Ohne diese Einsicht bleibt man anfällig für Manipulation. Viele Menschen halten trotz klarer Beweise an ihrer ursprünglichen Meinung fest, weil es ihnen schwerfällt, Fehler einzugestehen. Dies könnte erklären, warum einige Führungsfiguren lange an der Macht bleiben oder weshalb Menschen es selten schaffen, sich von Sekten zu lösen.

Eine sehr effektive Meditation ist die innere Beobachtung. Das gezielte Beobachten der eigenen Gedanken und Gefühle hilft, emotionale Eindrücke auf einem besseren Niveau zu verarbeiten. Diese Verarbeitung geschieht oft von selbst, wenn man sich bewusst darauf einlässt, es neutral zu beobachten.

Sich selbst zu erkennen, ist ein entscheidender Schlüssel zur Weiterentwicklung. Menschen, die als egoistisch gelten, verfügen häufig über ein gutes Bewusstsein für ihre eigenen Stärken und Schwächen. Auch wenn sie dies nicht zugeben und andere manchmal manipulieren, um besser zu erscheinen, zeigt sich dennoch ihre Fähigkeit zur Selbsteinschätzung.

Wenn man einen Menschen als böse betrachtet, weist das oft darauf hin, dass diese Person etwas im Leben noch nicht verstanden hat, was ein guter Mensch vielleicht bereits erkannt hat. Es ist wichtig, niemanden zu verurteilen, nur weil er anders handelt oder denkt. Doch nicht zu urteilen bedeutet nicht, dass du dir alles gefallen lassen musst. Sich zu wehren ist nicht dasselbe wie jemanden zu verurteilen. Es geht darum, zu schützen, jedoch ohne dabei anderen zu schaden. Doch wie soll das gelingen? Genau darin liegt die Schwierigkeit.

Eine Geschichte aus dem Buch von Dschuang Tsi über den alten Meister namens Laotse kann hierbei inspirierend sein:

Doktor Filigran besuchte den Lau Dan, befragte ihn und sprach: »Meister, ich habe gehört, dass Ihr ein Heiliger seid; darum bin ich gekommen, ohne den weiten Weg zu scheuen. Ich wollte Euch besuchen; hundertmal musste ich übernachten und habe mir Schwielen an die Füße gelaufen und keine Ruhe gegönnt, und nun sehe ich, dass Ihr doch kein Heiliger seid. Vor den Mauslöchern liegt übriges Gemüse, und doch habt Ihr Eure Schwester weggeschickt; das ist Mangel an Liebe. Gekochte und ungekochte Vorräte sind noch in Menge vorhanden, und doch scharrt Ihr noch mehr zusammen; das zeigt Eure Ungenügsamkeit.«

Lau Dan saß versunken da und antwortete nichts.
Tags darauf sprach Doktor Filigran wieder vor und sagte: »Gestern habe ich Euch beleidigt, heute sind die Gesinnungen meines Herzens wieder zurechtgekommen. Was ist der Grund davon?«
Lau Dan sprach: »Einem Mann, der so klüglich Göttlichkeit und Heiligkeit zu erkennen vermag, hielt ich mich nicht für gewachsen. Hättet Ihr mich einen Ochsen genannt, so wäre ich eben ein Ochse gewesen; hättet Ihr mich ein

Pferd genannt, so wäre ich eben ein Pferd gewesen. Wenn man wirklich etwas ist und die Menschen nennen einen beim rechten Namen und man nimmt ihn nicht an, so bringt man sich nur um so mehr um sein Glück. Dass ich nachgab, entsprach meiner ständigen Gepflogenheit. Ich wollte nicht durch Nachgiebigkeit, Nachgiebigkeit erzielen.«

Da zog sich Doktor Filigran vorsichtig zurück, wobei er vermied, dass sein Schatten ihn traf. Dann trat er wieder unter Beobachtung aller Anstandsregeln vor ihn und fragte, was er tun müsse, sein Selbst zu veredeln.

Lau Dan sprach: »Du hast ein unverschämtes Gesicht und glotzende Augen, eine freche Stirn und einen vorlauten Mund, und dein Wesen ist selbstbewusst. Du gleichst einem Pferd, das nur mühsam im Zügel gehalten wird und das, wenn es erst einmal sich bewegt, sofort durchgeht. Du schnüffelst an allem herum und bist mit deinem Urteil gleich bei der Hand. Du kennst allerhand Kniffe und gibst dir ein großartiges Aussehen. Das alles sind Zeichen von Unaufrichtigkeit. Wenn man einen solchen Menschen in einer unsicheren Gegend treffen würde, so würde man ihn einen Dieb nennen.«

Diese Geschichte zeigt, finde ich, wie man durch Einsicht eine unglaublich starke Verteidigungstechnik anwenden kann. Du kannst in schwierigen Momenten versuchen, aus Situationen und von anderen Menschen zu lernen. Manchmal kannst du allein durch Beobachtung viel über andere und dich selbst erfahren. Menschen, die das Prinzip der Zusammenarbeit nicht verstehen, benötigen vielleicht Zeit und Inspiration, um diesen Wert zu erkennen.

Vielleicht kannst du ihnen etwas beibringen, ohne dass sie es direkt bemerken. Gleichzeitig ist es wichtig, sich nicht entmutigen zu lassen, wenn dein Verständnis für Zusammenarbeit nicht erwidert wird.

Einsicht ist ein wertvolles Werkzeug, ebenso wie die Fähigkeit, nicht zu urteilen. Niemand behauptet, dass dies einfach ist, aber es ist auch nicht unmöglich. Und genau das macht es so spannend. Niemand ist vollkommen, doch wir können die Welt stets ein Stück besser machen und unseren eigenen Beitrag leisten, ganz gleich, ob er klein oder groß ist. Manchmal jedoch muss man loslassen, woran man glaubt, um die Wahrheit erkennen zu können.

Gut und Böse existieren tatsächlich. Es steht außer Frage, dass diejenigen, die Gutes tun, schon durch Zusammenarbeit belohnt werden. Das Wichtigste dabei ist jedoch, niemanden vorschnell als böse oder gut abzustempeln, sondern zuerst in sich selbst zu schauen. Denn andere als böse zu beurteilen und bestrafen zu wollen, kann eines der bösartigsten Dinge sein, die man tun kann. Jeder kennt seine eigenen Gedanken und Taten besser als irgendjemand sonst. Deshalb ergibt es am meisten Sinn, wenn jeder an sich selbst arbeitet und über die eigenen Taten nachdenkt.

Menschen, die böse Taten begehen, könnten darüber nachdenken, warum sie so handeln und welche Auswirkungen ihr Verhalten auf sie selbst und andere hat. Jede Tat hat Konsequenzen, die oft tiefer gehen, als man auf den ersten Blick erkennt. Es gibt verschiedene Perspektiven und Theorien, die der Menschheit helfen könnten, ein tieferes Verständnis für ihre Existenz und ihr Handeln zu entwickeln.

Viele Buddhisten glauben an die Idee der Reinkarnation. Solche Spekulationen haben das Potenzial, unsere Sicht auf die Welt zu verändern, indem sie uns dazu anregen, unser Verhalten so zu gestalten, dass es nachhaltigere und tiefgreifendere Auswirkungen haben kann. Sie könnten helfen, über kurzfristige Entscheidungen hinauszublicken und längerfristige Konsequenzen unseres Handelns zu berücksichtigen. Ich wünsche dir auf deinem Weg der Selbsterkenntnis und Weiterentwicklung viel Glück. Denke daran, dass wahre Größe im Mitgefühl und in der Fähigkeit liegt, aus Liebe heraus zu handeln.

Der Autor: Geboren und aufgewachsen im Kanton Bern in der Schweiz, entstammt der Autor kolchischer Abstammung. Seine Hochbegabung zeigte sich schon früh und führte ihn zur Philosophie, seiner großen Leidenschaft. Mit unermüdlichem Forschergeist widmet er sich den fundamentalen Fragen des Lebens und Universums. Neben seiner Tätigkeit als Hobbypsychologe und Künstler findet er in Karate und Meditation Ausgleich. Mehr Philosoph als Autor, teilt er dennoch dieses Taschenbuch mit der Welt, um zu inspirieren und zum Nachdenken anzuregen.